Bibliothèque de philosophie politique et juridique

Textes et Documents

LEIBNIZ

Observations sur le
Projet de Paix perpétuelle
de l'abbé de Saint-Pierre

Centre de Philosophie politique et juridique
Université de Caen

1993

Bibliothèque

de

Philosophie politique

et juridique

TEXTES ET DOCUMENTS

Centre de Philosophie politique et juridique

Université de Caen

———

1993

Directeur de la publication : Simone GOYARD-FABRE

© Centre de Philosophie politique et juridique

ISSN : 0758-0428

ŒUVRES

DE

LEIBNIZ

PUBLIÉES POUR LA PREMIÈRE FOIS

D'APRÈS LES MANUSCRITS ORIGINAUX

AVEC

NOTES ET INTRODUCTIONS

PAR

A. FOUCHER DE CAREIL

TOME QUATRIÈME

HISTOIRE ET POLITIQUE

PARIS

LIBRAIRIE DE FIRMIN DIDOT FRÈRES, FILS ET Cⁱᵉ

IMPRIMEURS DE L'INSTITUT, RUE JACOB, 56

1862

G.W. LEIBNIZ

**Lettre de Leibniz à l'abbé de Saint-Pierre
7 février 1715**

Observations sur le *Projet de Paix perpétuelle*

Nous avons conservé la pagination de l'édition Foucher de Careil

PROJET
POUR RENDRE
LA PAIX
PERPETUELLE
EN EUROPE.

TOME I.

A UTRECHT

Chez ANTOINE SCHOUTEN,
Marchand Libraire.

M. DCC. XIII.

M. l'Abbé de St. Pierre, Charles Irénée Castel, Né au
Château de St. Pierre Eglise près Valogne, en basse Nor-
mandie le 18 Février 1658 ... françois auteur
des projets pour rendre la paix perpetuelle, pour perfectionner l'Education, pour ... et les projets pour
perfectionner la forme du gouvernement dans les Etats pour ...

AVANT-PROPOS

L'abbé de Saint-Pierre (1658-1743) s'est rendu célèbre par son *Projet de Paix perpétuelle* dont les idées eurent un fort retentissement tout au long du XVIIIᵉ siècle. En 1712, il avait publié à Cologne — il est vrai sans lieu ni date — un *Mémoire pour rendre la paix perpétuelle à l'Europe*; puis ce volume, corrigé et considérablement augmenté, avait constitué les deux premiers tomes du *Projet pour rendre la paix perpétuelle à l'Europe*, qui parut à Utrecht en 1713. La parution de ces deux volumes in-12, que devaient venir compléter, en 1717, un troisième tome contenant des éclaircissements et des réponses aux objections qui lui avaient été présentées, et, en 1729, un *Abrégé du Projet*, suscita de nombreux échos. Dès le 15 novembre 1712 — donc, avant la parution de la grande édition du *Projet* —, un Ministre de La Haye, écrivant à son collègue de Berne, faisait état des « deux partis » que faisait naître le livre : celui des Irénistes et celui des Anti-irénistes [1]. Au dire du ministre, les deux partis ne sont pas égaux en nombre : « Je vois, écrit-il, que les Irénistes qui, dans leurs commencements, n'osaient quasi se déclarer, commencent à lever la tête et à soutenir leur opinion dans leurs conversations [2]. » L'abbé de Saint-Pierre déclare lui-même que le duc de Bourgogne goûtait fort son projet et qu'il

---

1. Lettre citée au tome II du *Projet de Paix perpétuelle*, édition de 1713, p. 422.
2. La lettre continue en ces termes : « J'apprends qu'il y a beaucoup plus d'Irénistes à Amsterdam qu'ici ; vous en devinez facilement la raison, il est naturel que l'irénisme plaise davantage aux gens de commerce qu'aux gens de guerre... Vous me feriez bien plaisir de me mander ce que vous en pensez et s'il y a des Irénistes à Berne. »

n'eût pas manqué de l'appliquer si plus longue vie lui avait été prêtée. Sainte-Beuve rapporte que le marquis d'Argenson admirait sans réserve les idées de l'abbé de Saint-Pierre[3]. Et, lorsque Leibniz connut la première édition du *Projet de Paix perpétuelle* dont l'abbé de Saint-Pierre lui avait envoyé un exemplaire, il vit en ce généreux dessein la promesse d'un nouvel «âge d'or»[4]. En 1715, après avoir lu «avec soin» l'édition de 1713, il adressa, par l'intermédiaire de Raymond de Montmort, une longue lettre à l'auteur de «cet excellent ouvrage»; il y joignit, conformément au vœu de l'abbé de Saint-Pierre, un certain nombre d'«observations».

Il est vrai que, depuis toujours, le vœu de Leibniz était de contribuer lui-même au rapprochement des peuples, à l'unification de l'Europe et même de l'humanité :

> Je ne suis pas de ceux qui sont fanatisés par leur pays ou encore par une nation particulière ; mais je vais pour le service du genre humain tout entier ; car je considère le Ciel comme la Patrie et tous les hommes de bonne volonté comme des concitoyens en ce Ciel ; et j'aime mieux accomplir beaucoup de bien parmi les Russes que peu parmi les Allemands et autres Européens... Car mon inclination et mon goût vont au Bien général[5].

Certes, malgré toutes les missions diplomatiques dont il fut chargé — ou, peut-être à cause d'elles —, Leibniz avait une conscience très nette de la fragilité des traités et des contrats qui, à ses yeux, ne constituaient guère que des «liens de papier». Son humanisme cosmopolitique ne prenait sens que placé sous le signe de la jurisprudence universelle voulue de Dieu. Selon lui, la paix, si précieuse aux hommes, a besoin d'un modèle transcendant que, dès 1676, il trouvait dans la *Respublica christiana* :

> S'il existe un Concile permanent ou un Sénat créé par ce Concile, chargé de veiller aux intérêts généraux de la Chrétienté, ce qui se fait de nos jours par des alliances ou, comme on les appelle, des médiations et des garanties, pourrait alors être décidé par un pouvoir public fondé par le pape et l'empereur

---

3. Sainte-Beuve, *Causeries du Lundi*, tome XII, p. 147.
4. Liebniz, Lettre à Grimarest du 4 juin 1712, éd. Dutens, tome V, p. 65-66.
5. Leibniz, *Oeuvres*, éd. Foucher de Careil, tome VII, p. 514.

en qualité de chefs de la Chrétienté, par le moyen de quelque arrangement amical, bien plus efficacement qu'il n'arrive aujourd'hui [6].

On comprend donc non seulement l'intérêt que Leibniz devait porter à l'ouvrage de celui que Husserl appellera un « fonctionnaire de l'humanité » mais aussi tout le soin qu'il prit à lui donner les informations qu'il avait lui-même recueillies. Il lui fit connaître le livret intitulé *Le catholique discret* dans lequel le Landgrave Ernst de Hesse-Rheinfels préconisait l'institution, à Lucerne, d'un « Tribunal de la Société des Souverains » ; il lui indiqua l'existence du *Nouveau Cynée* qu'un « inconnu », disait-il — il s'agit en fait d'Émeric de Crucé — avait composé pour avancer l'idée d'un arbitrage universel destiné à empêcher la guerre.

Les pages qu'envoie Leibniz à l'abbé de Saint-Pierre ont assurément une résonance plus historique que philosophique. Elles sont néanmoins tout à fait éloquentes lorsqu'elles laissent transparaître, à côté de l'infini respect du philosophe-diplomate pour les idées de l'abbé de Saint-Pierre, le doute qui l'étreint lorsqu'il songe aux faiblesses de la nature humaine.

Simone GOYARD-FABRE

---

6. Leibniz, *Tractatus de jure suprematus ac legationem principum Germaniae*, éd. Dutens, tome IV, p. 331.

LETTRE DE LEIBNIZ A L'ABBÉ DE SAINT-PIERRE.

Revu d'après l'original autographe de la Bibliothèque royale de Hanovre

Hanover, le 7 février 1715.

Monsieur,

Je m'estime fort honoré de la communication de votre projet, et de la demande que vous me faites de mon sentiment sur une matière qui intéresse tout le genre humain, et qui n'est pas tout à fait hors de mes objets, puisque je me suis appliqué dès ma jeunesse au Droit, et particulièrement à celui des gens. Le paquet de M. *Varignon* est venu à Hanover longtems avant que j'aye été de retour chez moi; et après mon retour j'ai été fort occupé. Mais j'ai fait enfin quelque effort pour me tirer à l'écart, et pour lire votre excellent ouvrage avec soin. J'y ai trouvé le solide et l'agréable; et, après avoir compris votre système, j'ai pris un plaisir particulier à la variété des objections, et à votre manière nette et ronde d'y répondre. Il n'y a que la volonté qui manque aux hommes pour se délivrer d'une infinité de maux. Si cinq ou six personnes vouloient, elles pourroient faire cesser le grand Schisme d'Occident, et mettre l'Église dans un bon ordre. Un souverain qui le veut bien peut préserver ses États de la peste. La Maison de *Brunswick* n'y a pas mal réussi, grâces à Dieu; la peste s'est arrêtée de mon tems à ses frontières. Un souverain pourroit encore garantir ses États de la famine. Mais, pour faire cesser les guerres, il faudroit qu'un autre *Henri IV*, avec quelques grands princes de son tems, goutât votre projet. Le mal est qu'il est difficile de le faire entendre aux grands princes. Un particulier n'ose s'y émanciper ; et j'ai même peur que de petits souverains n'osassent le proposer aux grands. Un ministre le pourroit peut-être faire à l'article de la mort, surtout si des intérêts de famille ne l'obligeoient pas de continuer sa politique jusqu'au tombeau et au delà. Cependant il est toujours bon d'en informer le public ; quelqu'un en pourra être touché, quand on y pensera le moins.

> . . . . . . Semper tibi pendeat hamus
> Quo minime retis gurgite piscis erit. (Ovid.)

Il n'y a point de ministre maintenant qui voudroit proposer à l'Empereur de renoncer à la succession de l'Espagne et des Indes. Les puissances maritimes et tant d'autres y ont perdu leur latin. Il y a le plus souvent des fatalités qui empêchent les hommes d'être heureux. L'espérance de faire passer la monarchie d'Espagne dans la Maison de France a été la source de cinquante ans de guerre ; et il est à craindre que l'espérance de l'en faire ressortir ne trouble l'Europe encore pendant cinquante autres années. Aider l'Empereur à chasser les Turcs de l'Europe seroit peut-être le moyen de venir à bout de ce mal. Mais un tel dessein auroit encore de grandes difficultés.

Comme vous préparez, Monsieur, une troisième édition plus ample, il seroit peut-être bon que votre ou-

vrage fût encore plus embelli par les exemples et par
l'histoire. Les raisons n'en deviennent point meilleu-
res, mais cet agrément leur donne de l'ingrès. C'étoit
la mode du tems de M. *La Mothe Le Vayer*. Aujour-
d'hui les écrivains françois, sous prétexte de s'éloigner
du pédantisme, se désaccoutument un peu trop de
faire entrer des traits d'érudition dans leurs ouvrages;
ils n'en sont pas moins nerveux, mais ils en sont plus
secs. Un certain milieu siéroit bien dans un ouvrage
comme le vôtre. Mais si cela vous arrêtoit trop, il ne
faudroit point s'y amuser. Mes remarques, cependant,
y peuvent donner quelque occasion. Je vous souhaite,
Monsieur, autant de vie qu'il en faut pour goûter les
fruits de vos travaux, et je suis avec zèle, Monsieur,
votre, etc.

OBSERVATIONS

SUR

LE PROJET D'UNE PAIX PERPÉTUELLE

DE M. L'ABBÉ DE SAINT-PIERRE.

Revu d'après le manuscrit de la Bibliothèque royale de Hanovre.

Le projet de paix perpétuelle pour l'Europe, que M. l'abbé *de Saint-Pierre* m'a fait l'honneur de m'envoyer, ne m'a été rendu que bien tard, à cause d'une longue absence ; et puis la multitude des occupations. m'a empêché de le lire plus tôt. Enfin, je l'ai lu avec attention, et je suis persuadé qu'un tel projet en gros est faisable, et que son exécution seroit une des plus utiles choses du monde. Quoique mon suffrage ne soit d'aucun poids, j'ai pourtant cru que la reconnoissance m'obligeoit de ne le point dissimuler, et d'y joindre quelques remarques pour le contentement d'un auteur de ce mérite, qui doit avoir beaucoup de réputation et de fermeté, pour avoir osé et pu s'opposer avec succès à la foule des prévenus et au déchaînement des railleurs.

Étant fort jeune, j'ai eu connoissance d'un livre intitulé *Nouveau Cynéas,* dont l'auteur inconnu conseilloit aux souverains de gouverner leurs États en paix, et de faire juger leurs différends par un tribunal établi ; mais je ne saurois plus trouver ce livre, et je ne me souviens plus d'aucunes particularités. L'on sait que *Cynéas* étoit un confident du roi *Pyrrhus*, qui lui conseilla de se reposer d'abord, puisque aussi bien c'étoit son but, comme il le confessoit, quand il auroit vaincu la Sicile, la Calabre, Rome et Carthage.

Feu M. le landgrave *Ernest de Hesse-Rhinfels*, qui avoit commandé des armées avec réputation dans la grande guerre d'Allemagne, s'appliqua aux controverses de religion et aux belles connoissances, après la paix de Westphalie. Il quitta ensuite les protestans, fit tenir un colloque entre le père *Valeriano Magni*, capucin, et le docteur *Habercorn*, célèbre théologien de la Confession d'Augsbourg, et s'avisa, dans son loisir, qu'il distinguoit par des voyages faits *incognito*, de faire plusieurs ouvrages en allemand, en françois et en italien, qu'il faisoit imprimer et donnoit à ses amis. Le plus considérable étoit en langue allemande, intitulé *le Catholique discret*, où il raisonnoit librement, et souvent très-judicieusement, sur les controverses théologiques. Mais, comme ce livre contenoit des endroits délicats, il le communiquoit à très-peu de personnes, et il en fit un abrégé qui parut dans les boutiques des libraires. Il y avoit, dans cet ouvrage, un projet approchant de celui de M. l'abbé *de Saint-Pierre*; mais il n'est pas dans l'abrégé.

Le tribunal de la société des souverains devoit être établi à Lucerne. Quoique je n'eus l'honneur d'être connu de ce prince que peu de tems avant sa mort, il me fit part de ses vieilles pensées, et il me confia un exemplaire de cet ouvrage, qui est assez rare.

Mais j'avoue que l'autorité de *Henri IV* vaut mieux que toutes les autres. Et, quoiqu'on le puisse soupçonner d'avoir eu plus en vûe de renverser la maison d'Autriche, que d'établir la société des souverains, on voit toujours qu'il a cru ce projet recevable ; et il est constant que si les puissans souverains le proposoient, les autres le recevroient volontiers. Mais je ne sai si les moindres oseroient le proposer aux grands princes.

Il y a eu des tems où les papes avoient formé à demi quelque chose d'approchant, par l'autorité de la religion et de l'Église universelle. Le pape *Grégoire IV*, avec les évêques de l'Italie, de la France occidentale et de la France orientale, s'érigea en juge des différends entre *Louis le Débonnaire* et ses enfans. *Nicolas Ier* prétendit sous main au droit de juger avec un synode et de faire dépouiller *Lothaire*, roi d'Austrasie ; et *Charles le Chauve*, oncle de ce prince, appuya les prétentions du pape, pour ses intérêts particuliers. *Grégoire VII* prétendit hautement un droit semblable, et même plus grand, sur l'empereur *Henri IV;* et *Urbain II*, son successeur, après *Victor III*, exerça celui de directeur même du temporel de l'Église universelle, quoique indirectement, en établissant les expéditions d'outre-mer contre les infidèles. On voit que les papes passoient pour les chefs spirituels , et les empereurs ou rois des Romains , pour les chefs temporels, comme parle notre Bulle d'Or, de l'Église universelle ou de la société chrétienne, et les Empereurs en devoient être comme les généraux nés. C'étoit comme un droit des gens entre les Chrétiens latins durant quelques siècles, et les jurisconsultes raisonnoient sur ce pied-là ; on en voit des échantillons dans mon Codex Juris Gentium diplomaticus, et quelques réflexions là-dessus dans ma préface.

Les rois de France étoient traités plus doucement que les autres, parce que les papes en avoient plus de besoin. Dans le concile de Constance, on s'avisa de donner un peu plus de forme à cette société, en traitant les affaires par nations. Et comme il n'y avoit point de pape alors, l'Empereur *Sigismond* y fut le directeur de la société chrétienne. On y prit même des mesures pour tenir souvent de tels conciles. Mais les papes, qui en devoient être bien aises pour exercer et étendre leur autorité, n'ayant pas les qualités d'un *Nicolas I^r* ou d'un *Grégoire VII*, s'y opposèrent, craignant d'être soumis eux-mêmes à la censure. Et ce fut le commencement de leur décadence. Aussi vit-on un peu après de très-mauvais papes, et qui avoient de la peine à maintenir l'autorité de leurs ancêtres. L'élévation des deux maisons rivales survint alors avec le rétablissement des lettres. Enfin, la grande Réforme dans l'Occident changea extrêmement l'état des choses, et il se fit une scission, par laquelle la plus grande partie des peuples dont la langue est originairement teutonique fut détachée des peuples dont la langue est originairement latine.

Cependant, je crois que s'il y avoit eu des papes en grande réputation de sagesse et de vertu, qui eussent voulu suivre les mesures prises à Constance, ils auroient remédié aux abus, prévenu la rupture, et soutenu ou même avancé davantage la société chrétienne.

Cependant, on peut dire encore présentement que l'Empereur a quelque droit et direction dans la société chrétienne, et c'est ce que sa dignité lui donne, outre la préséance. Ainsi, je ne crois pas qu'il seroit juste et à propos de détruire tout d'un coup le droit de l'Em-

pire romain, qui a subsisté depuis tant de siècles.
Charles VI est aussi bien en droit que *Charles V* d'aller
prendre la couronne impériale à Rome, et de se faire
reconnoître sur les lieux roi de Lombardie et Empereur des Romains ; il n'a perdu aucun des droits que
Charles V avoit encore ; il n'est pas même hors de possession. Les jurisconsultes savent qu'on ne perd pas
ses droits, ni même leur possession, quand l'occasion
ne se présente pas de les exercer ; et qu'on n'est de
même obligé de les faire valoir, que lorsque ceux qui
doivent ces droits déclarent qu'ils s'en veulent sous-
traire. Ainsi, comme M. l'abbé *de Saint-Pierre* nous
a donné deux plans de la société chrétienne, l'un où
l'Empereur avec l'Empire en fait un membre, et ne
compose qu'une voix ; l'autre où l'Empire est anéanti,
et où l'Empereur n'auroit de voix que comme souverain héréditaire, et où les électeurs auroient chacun
une voix ; je dois être plutôt pour le premier. Et la justice préférera aussi ce plan, suivant le principe même
de M. l'abbé *de Saint-Pierre*, que la société chrétienne
doit laisser les choses dans le présent état. Et comme
le duché de Savoye et la principauté de Piémont relè-
vent de l'Empire, tout autant qu'aucune principauté
d'Allemagne, je ne vois pas comment on les en pourroit détacher avec justice, et en faire un membre sé-
paré dans la société chrétienne, qui eût une voix sé-
parée de celle de l'Empire. Il n'est point nécessaire
de discuter présentement d'autres points semblables ;
par exemple, il est sûr que le duché de Courlande et
la république de Dantzic dépendent de la Pologne, et
n'en sauroient être démembrés suivant les règles de
de la justice, à moins que la Pologne n'y consente.

Je trouve que M. l'abbé *de Saint-Pierre* a raison de considérer l'Empire comme un modèle de la société chrétienne; mais il y a cette différence que, dans celle qui seroit conforme à son projet, les plaintes des sujets contre le souverain ne seroient point reçues; au lieu que, dans l'Empire, les sujets peuvent plaider contre leurs princes, ou contre leurs magistrats. Il y a encore d'autres différences très-importantes : par exemple, dans le tribunal de la chambre impériale, les assesseurs ou juges ne dépendent point des instructions des princes, ou des États qui les ont fait présenter : ils n'ont qu'à suivre les mouvemens de leur conscience; au lieu que, selon le projet, les députés au sénat chrétien suivroient les instructions de leurs principaux; aussi seroient-ils amovibles suivant leur bon plaisir; mais les assesseurs de la chambre impériale n'obéissent plus aux électeurs, princes, ou cercles, qui les ont nommés. Il en est tout autrement aux diètes tant impériales que circulaires, où les députés dépendent entièrement des ordres de leurs principaux; au lieu que, dans la chambre des communes du parlement d'Angleterre, les membres ne dépendent plus des shires ou bourgs qui les ont nommés, ne peuvent point être révoqués, et ne doivent suivre que les mouvemens de leur conscience, comme les assesseurs de la chambre impériale. Le défaut de l'union de l'Empire n'est pas, comme M. l'abbé *de Saint-Pierre* le paroît prendre, que l'Empereur y ait trop de pouvoir, mais que l'Empereur, comme Empereur, n'en a pas assez. Car l'Empire n'a presque point de revenus qui ne soient aliénés ou négligés, et les résolutions des diètes, aussi bien que les décisions des tribunaux, lorsqu'elles vont contre les puissans, ont bien de la peine à être exécutées.

Il semble qu'il conçoive l'union germanique comme commencée par la signature de quelque traité; mais cela ne sauroit être concilié avec l'histoire. Sous les rois carlingiens de Germanie, il y avoit déjà un grand nombre de comtes et de seigneurs héréditaires médiocres; mais il n'y avoit presque point encore de ducs héréditaires qui gouvernassent des provinces entières. Ces gouverneurs d'alors commandoient en même tems les armées et étoient choisis selon le mérite, mais entre les plus grands seigneurs. Cependant les rois n'étoient nullement absolus; toutes les choses importantes se régloient, dans les diètes, à peu près comme aujourd'hui en Pologne. Mais peu à peu un nombre de comtés et de seigneuries fut acquis par un même seigneur, par des héritages et par les grâces des rois, surtout quand il étoit allié de la famille royale. Or, celle de *Charlemagne* étant éteinte en Allemagne, ceux qui parvinrent à la royauté furent obligés de favoriser les derniers ducs, leurs pareils; ainsi, peu à peu, les duchés et les grands marchionats devinrent comme héréditaires, et une grande partie des petits seigneurs fut soumise au vasselage des grands, autant qu'elle étoit obligée de mener ses bannières sous les leurs. Les Empereurs ne laissèrent pas de retenir assez la suprême autorité durant quelques siècles. Les vassaux des grands princes n'étoient pas seulement les sous-vassaux de l'Empereur; mais, quand il venoit dans les provinces, il y avoit toute l'autorité qu'il exerçoit dans les diètes, où les petits seigneurs avoient la liberté de parler comme les grands. Et encore des seigneurs d'autres provinces qui étoient venus avec l'Empereur, ou pour lui faire leur cour, y intervenoient tout comme ceux de la province. Les évêques surtout et les abbés royaux avoient beaucoup de crédit, comme dépositaires de la religion et, en quelque façon, des loix. Car les autres seigneurs, étant hommes militaires, avoient rarement une connoissance passable des lettres. Les choses allèrent ainsi jusqu'au grand interrègne, c'est-à-dire jusqu'à ce que l'Empire sortit de la famille des Empereurs souabes. Ce fut alors que la nécessité obligea quelques seigneurs et villes de faire des alliances pour maintenir la paix publique. J'en ai publié une dans mon Code diplomatique, mais il n'y en a jamais eu de générale. Ce fut aussi le tems où les villes commencèrent à prendre part au gouvernement. Cependant chacun se faisoit comme absolu dans le païs qu'il tenoit de l'Empire, et le partageoit entre ses enfans ; ce qui n'avoit point été permis auparavant. *Rudolphe de Habsbourg* ne laissa pas de rétablir, en quelque façon, l'autorité du chef ; mais l'Empire alors ne demeura guère dans sa famille. Il y eut des chefs foibles, des changemens fréquens de famille, des désordres, des négligences, qui mirent l'Empire en danger d'une dissolution totale, jusqu'à ce qu'il revint à la maison d'Autriche, et que le gouvernement prit sous *Frédéric III*, sous *Maximilien Ier* et sous *Charles V*, par le moyen des diètes et des pacifications, la forme qui lui est restée, à laquelle ceux qui ont fait la paix de Westphalie ont mis la dernière main. Si, en France, la famille capétingienne se fût bientôt éteinte, et si la couronne eût souvent passé de famille en famille, et si d'autres grandes familles se fussent conservées, la France seroit apparemment aujourd'hui un corps semblable au corps germanique, quoiqu'il n'y auroit jamais eu aucun traité d'union qui l'eût formée, de même qu'il n'y en a jamais eu en Allemagne.

CENTRE DE PHILOSOPHIE POLITIQUE ET JURIDIQUE
DE L'UNIVERSITÉ DE CAEN
URA-CNRS n° 1395

Cahiers de philosophie politique et juridique

N° I : *Démocratie, qui es-tu ?* (1982)   épuisé
N° II : *Démocratie et philosophie* (1982)   épuisé
N° III : *Hobbes, philosophe politique* (1983)   épuisé
N° IV : *Souveraineté et citoyenneté* (1983)   épuisé
N° V : *La pensée libérale de John Locke* (1984)   épuisé
N° VI : *La tyrannie* (1984)   100 F
N° VII : *La pensée politique de Montesquieu* (1985)   78 F
N° VIII : *L'Égalité* (1985)   100 F
N° IX : *La philosophie du droit de Hans Kelsen* (1986)   78 F
N° X : *La guerre* (1986)   100 F
N° XI : *Des théories du droit naturel* (1987)   90 F
N° XII : *La loi civile* (1987)   120 F
N° XIII : *Du positivisme juridique* (1988)   100 F
N° XIV : *État et Nation* (1988)   120 F
N° XV : *La politique historique de Raymond Aron* (1989)
        (*avec un texte inédit :* De l'existence historique)   100 F
N° XVI : *La Révolution française entre Lumières et
        Romantisme* (1989)   120 F
N° XVII : *La pensée politique de Hans Kelsen* (1990)   120 F
N° XVIII : *Éthique et Droit à l'âge démocratique* (1990)   126 F
N° XIX : *L'actualité de Tocqueville* (1990)   120 F
N° XX : *La fondation des normes : tradition
        et argumentation* (1991)   126 F
N° XXI : *La politique et les droits* (1992)   126 F
N° XXII : *Sujet de Droit et objet de Droit* (1992)   130 F
N° XXIII : *La pensée de Leo Strauss* (1993)   126 F

Bibliothèque de philosophie politique et juridique

BARBEYRAC : *Sur la permission des Lois* — à paraître
BURLAMAQUI : *Principes du droit naturel* — 120 F
BURLAMAQUI : *Principes du droit politique* (2 tomes) — 180 F
CAMPANELLA : *Aphorismes politiques* — 150 F
CONSTANS : *Du Droit des Ecclésiastiques* — 180 F
CUMBERLAND : *Traité philosophique des lois naturelles* — 250 F
DESTUTT DE TRACY : *Commentaire de «L'esprit des lois» de Montesquieu* — 210 F
DOMAT : *Les quatre livres du droit public* — 220 F
DOMAT : *Traité des lois* — 100 F
ERHARD : *Apologie du Diable* — 60 F
FICHTE : *Opuscules de politique et de morale* (traduction inédite) — 120 F
GROTIUS : *Le droit de la guerre et de la paix* (traduction J. Barbeyrac) — tome I 260 F — tome II 260 F
GROTIUS : *De la liberté des mers* (traduction A. de Courtin) — 100 F
GROTIUS : *Le Traité du Pouvoir du magistrat politique sur les choses sacrées* (traduction L'Escalopier de Nourar) — 210 F
HAURIOU : *Aux sources du droit : le pouvoir, l'ordre et la liberté* — 100 F
HOBBES : *Bibliographie internationale de 1620 à 1986* (établie par A. Garcia) — 125 F
HUME : *Quatre discours politiques* — 130 F
JURIEU : *Lettres pastorales, XVI-XVII-XVIII* (suivies de la réponse de Bossuet) — 130 F
LABOULAYE : *L'État et ses limites* — 100 F
LABOULAYE : *Questions constitutionnelles* — 200 F
LOCKE : *Essais sur la loi de nature* (traduction inédite) — 125 F
LOCKE : *Le magistrat civil* (traduction inédite) — 39 F
MABLY : *Entretiens de Phocion sur le rapport de la morale et de la politique* — 75 F
MIRABEAU : *Essai sur le despotisme* — 180 F
MIRABEAU : *De la liberté de la presse* — 100 F
NAUDÉ : *Considérations politiques sur les coups d'Estat* — 130 F

PARADIS : *Philosophie des droits de l'homme / droits*   180 F
de la personne (Bibliographie)

PORTALIS : *Discours et rapports sur le Code Civil*   100 F

PUFENDORF : *Les devoirs de l'homme et du citoyen*   180 F
(traduction J. Barbeyrac) 2 tomes

PUFENDORF : *Le droit de la nature et des gens*   tome I   290 F
(traduction J. Barbeyrac)   tome II   290 F

RICHELIEU : *Testament politique*   150 F

VOLTAIRE : *L'ABC : dix-sept dialogues politiques*   75 F

WOLFF : *Principes du droit de la nature et des gens*   480 F
(traduction Formey) 3 tomes

G.W. Leibniz (1646 - 1716) a toujours songé au rapprochement des peuples et à l'unification de l'Europe. Son humanisme cosmopolitique puisait son sens et sa force dans l'idée de la jurisprudence universelle voulue de Dieu. Lorsqu'il connut le *Projet de Paix perpétuelle* de l'abbé de Saint-Pierre (1713), il vit en ce généreux dessein la promesse d'un nouvel « âge d'or ». Dès 1715, il adressa à l'abbé de Saint-Pierre une lettre accompagnée d' « observations » dans lesquelles il exprime à la fois ses espoirs et ses craintes.

ISSN 0758-0428

Prix : 30 F

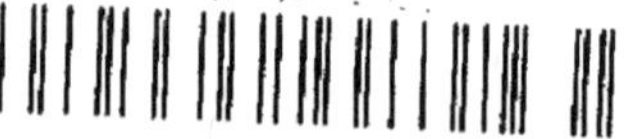

www.ingramcontent.com/pod-product-compliance
Lightning Source LLC
LaVergne TN
LVHW012106170726
843501LV00008BC/2774